7|20
0,69

Dieses Buch gehört:

Rainer Wolke

Volltreffer zum Geburtstag

Paule und seine Fußballfreunde

Lesen lernen

Leseanfänger

1. Klasse

Klett Lerntraining

Bibliografische Information der Deutschen Nationalbibliothek
Die Deutsche Nationalbibliothek verzeichnet diese Publikation in der
Deutschen Nationalbibliografie; detaillierte bibliografische Daten sind
im Internet über http://dnb.dnb.de abrufbar.

1. Auflage 2016

www.klett-lerntraining.de
Teamleiterin Grundschule und Kinderbuch: Susanne Schulz
Redaktion: Jette Maasch, Julia Maisch
Umschlaggestaltung und Layout: Sabine Kaufmann, Stuttgart
Autor: Rainer Wolke
Illustrationen: Julian Jordan, Iñigo Moxo/Comicon, Barcelona
© 2014, DFB, Story- und Lizenz-Styleguide, Paule und seine Freunde
Satz: tebitron gmbh, Gerlingen
Druck: Aumüller Druck GmbH & Co. KG, Regensburg
Bindung: Conzella Verlagsbuchbinderei Urban Meister GmbH & Co KG, Pfarrkirchen
Printed in Germany
ISBN 978-3-12-949399-1

Inhalt

Das geheime Treffen

Paule und seine Freunde
treffen sich am Baumhaus.
Alle Freunde?
Nein. Emil Erdreich fehlt.

Es ist ein Geheimtreffen.
Sie haben Emil absichtlich
nicht Bescheid gesagt.
Emil hat nämlich
in drei Tagen
Geburtstag.

Katy schlägt vor:
„Wir basteln alle gemeinsam
ein Geschenk für Emil."
„Super Idee!", findet Franziska.
„Aber was sollen wir basteln?"

Winnie schießt den Ball
hoch in die Luft.
„Bei so tollem Wetter
kann ich nicht nachdenken",
sagt er.
„Lasst uns lieber kicken!"

„Katy und ich kümmern uns
um das Geschenk",
bestimmt Franziska.
Doch plötzlich
taucht Emil am Bolzplatz auf.

„Was ist denn hier los?",
fragt er neugierig.
„Nichts", antwortet Paule knapp.
„Wir kicken nur ein bisschen."
Doch Emil wundert sich.

Ein herzliches Geschenk

Am nächsten Tag
kommen Katy und Franzi
aufgeregt zum Bolzplatz.
Sie wollen den anderen
ihr gebasteltes Geschenk zeigen.
Doch Emil ist auch da.

„Ähm, wir müssen los",
flunkert Paule schnell.
„Für den Englisch-Test lernen."
„Aber der Test ist doch erst
in zwei Wochen!",
entgegnet Emil verwundert.

Die Freunde lauern im Gebüsch,
bis Emil verschwunden ist.
Dann gehen sie wieder
zum Bolzplatz zurück.

Endlich holen Katy und Franzi
ihr Geschenk aus der Tasche.
„Ist es nicht ein Traum?",
fragt Katy begeistert.
Aber Winnie ist geschockt.

Die Mädchen haben ein Armband
für Emil gebastelt.
„Ich liebe Fußball," steht darauf.
„Iiiigitt!", brüllt Winnie.
„Das ist ja voll eklig!"

„Das ist echt nicht so cool!",
stimmt Paule zu.
Die Jungs sind sich einig:
Ein Herzchen-Armband
ist das falsche Geschenk.

15

Ein richtiges Jungs-Geschenk

Am nächsten Tag
kommen Winnie und Benni
mit einem riesigen Paket
zum Bolzplatz.

„Zur Seite!", ruft Winnie.
„Benni und ich haben gebastelt!
Hier kommt ein echtes
Jungs-Geschenk!"

Alle müssen die Augen zumachen,
bis das Geschenk ausgepackt ist.
Als sie die Augen wieder öffnen,
steht ein fieses Monster
auf der Wiese.

Katy kreischt.
Da hört sie Benni lachen.
„Eine Gruselmaske für Emil!",
erklärt Winnie.

„Die kann man immer brauchen",
sind sich Benni und Winnie einig.
„Für eine Grusel-Party
oder einfach mal so."

„Das Geschenk sollte vor allem
Emil gefallen, nicht nur euch",
meint Paule und überlegt.
„Ich hab's, Leute!", ruft er plötzlich.

Die große Überraschung!

Emil sitzt auf dem Bolzplatz.
Ganz alleine lehnt er am Tor.
Dabei ist doch heute
sein Geburtstag!

Leise seufzt er:
„Keiner kann mich mehr leiden."
Da hört er plötzlich
eine Tröte hinter sich.

„Überraschung!", ruft Henri,
und wirft Konfetti.
„Hast du etwa geglaubt,
wir vergessen deinen Geburtstag?",
fragt Paule.

Emil nickt: „Ihr wart so komisch in den letzten Tagen."
Henri lacht:
„Ein Geburtstag ohne Geheimnisse ist doch kein Geburtstag!"

Emil packt das Geschenk aus.
Es ist eine kleine Taktiktafel.
„Die haben wir zusammen gebaut",
verrät Katy stolz.

„Danke, vielen Dank!",
ruft Emil glücklich.
„Dann überlege ich mir jetzt
eine tolle Taktik,
und wir spielen Fußball!"

Paules Fußball-Quiz

1 **Wo treffen sich die Freunde am Anfang der Geschichte?**

A ◯ in der Schule

J ◯ bei Paule zu Hause

G ◯ am Baumhaus

2 **Welcher der Freunde hat bald Geburtstag und ist deshalb nicht dabei?**

O ◯ Winnie

E ◯ Emil

W ◯ Henri

3 **Worüber beraten sich die Freunde?**

K ◯ über den Geburtstagskuchen

M ◯ über die Geburtstagsparty

B ◯ über das Geburtstagsgeschenk

4 **Als Emil am nächsten Tag auch auf dem Fußballplatz ist, behaupten die Freunde ...**

U ◯ ... sie müssten lernen.

X ◯ ... sie hätten keine Lust auf Fußball.

S ◯ ... sie müssten zum Essen.

5 **Wo verstecken sich die Freunde?**

J ◯ im Baumhaus

R ◯ im Gebüsch

J ◯ im Wald

6 **Was haben Katy und Franzi für Emil gebastelt?**

A ◯ einen Fußball

T ◯ ein Armband

N ◯ eine Geburtstagskarte

7 **Wie finden die Jungs das Geschenk?**

S ◯ Sie finden es nicht gut.

D ◯ Sie finden es toll.

A ◯ Sie sagen nicht, wie sie es finden.

8 **Was macht Katy als Winnie und Benni ihren Geschenkvorschlag zeigen?**

H ◯ Sie fängt an zu lachen.

T ◯ Sie erschrickt sich.

E ◯ Sie ekelt sich.

9 **Warum ist Emil an seinem Geburtstag traurig?**

B ◯ weil er Geburtstage doof findet

A ◯ weil er glaubt, dass ihn keiner mehr leiden kann

V ◯ weil ihm seine Geschenke nicht gefallen

10 **Die Mädchen haben ein Armband für Emil gebastelt. Wofür seht das Herz im Armband?**

Z ◯ Ich lebe Fußball.

S ◯ Ich lache Fußball.

G ◯ Ich liebe Fußball.

Mach mit beim großen Paule-Gewinnspiel!

Hast du das Lösungswort gefunden?

Hier kannst du es eintragen:

◯ ◯ ◯ ◯ ◯ ◯ ◯ ◯ ◯ ◯

Schicke uns dein Lösungswort und gewinne mit etwas Glück ein offizielles Spiele-Set mit Paule und der Nationalmannschaft für die ganze Familie!

3D-Puzzleball: Die National-mannschaft 2016

Das kannst du gewinnen*

Monopoly: Die National-mannschaft 2016

Paule Memo

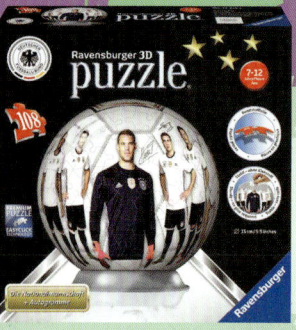

Produktabbildungen sind teilweise vorläufig

Schicke dein Lösungswort (per Mail oder Post) an:
PONS GmbH
Klett Lerntraining, Marketing
Kennwort: „Paule"
Stöckachstraße 11
70190 Stuttgart

oder an: **lerntraining@klett-lerntraining.de**

Unterschrift eines Erwachsenen

Ich habe 10 Minuten gelesen am ...

Unterschrift eines Erwachsenen

Ich habe 10 Minuten gelesen am ...

Name:

Paules Lese-Pass